Y SGWARNOG AUR

PADDY DONNELLY

addasiad gan
Elen Williams

Carreg
Gwalch

'Wyt ti wedi gweld siarc erioed, Taid?' gofynnodd Mari.

'Bues i'n nofio efo rhai pan oeddwn i'n ifanc,' meddai Taid.

'Beth am jiráff?'

'O do! Wyddost ti fod ganddyn nhw dafodau glas?' meddai Taid.

'Beth am ddeinosor?'

'Tydw i ddim mor hen â hynna,' chwarddodd Taid.

2

Dwi ddim wedi gweld deinosor, na siarc, na jiráff,' ochneidiodd Mari.

Rhoddodd Taid ei fraich amdani hi a dweud,

'Ydw i erioed wedi dweud wrthat ti am y Sgwarnog Aur?'

'Y beth ...?' gofynnodd Mari.

'Mae'r Sgwarnog Aur yn gallu neidio i'r lleuad mewn dwy naid a hanner.'

'Mae ganddi flew sy'n sgleinio'n fwy llachar na'r haul.'

'Gall ei chlustiau hir glywed pryf copyn yn cosi ei drwyn.'

4

'Sut wyt ti'n gwybod hyn i gyd?' gofynnodd Mari.

'Dywedodd fy nhaid i wrtha i pan oeddwn i'n ifanc ac yn chwilfrydig.'

'Oedd gen *ti* daid?'

'Oedd, siŵr! Dy hen hen daid di!'

'Wnest ti ddod o hyd i'r Sgwarnog Aur erioed?'

'Dim ond unwaith.'

'Awn ni i chwilio amdani? Plis, Taid!' mynnodd Mari.

'Wel, efallai y gallwn ni ddod o hyd iddi,' meddai Taid, 'os dilynwn ni'r cliwiau yn fy llyfr natur i.'

Y diwrnod wedyn, fe baciodd y ddau focs bwyd a phabell,
a chychwyn ar eu taith ar draws y caeau gyda Cara,
afanc anwes Taid.

Roedd Mari'n darllen hen lyfr natur Taid.

'Mae'n dweud yn fa'ma fod y Sgwarnog Aur wrth ei bodd
    gyda phethau drudfawr.'

'Mae cymaint o bethau drudfawr o'n cwmpas ni ym mhobman,'
meddai Taid, 'a llawer iawn o aur.'

Yn sydyn gwibiodd fflach o olau aur heibio.
Neidiodd Mari. 'Beth oedd hwnna?' gofynnodd.

'Fe wnawn ni ei dilyn!' meddai Taid.

'O, dim ond aderyn oedd yna,'
meddai Mari'n siomedig.

'Nid unrhyw aderyn,' meddai
Taid. 'Nico – mae'n cael ei
alw'n "fflam felen y goedwig".
Efallai bydd y Nico yn ein
harwain ni at y Sgwarnog Aur.'

'Edrych, Taid! Mae rhywbeth aur
yn disgleirio yn y goeden acw!'
gwaeddodd Mari.

Gyda'i gilydd, dringodd Mari a Taid
i fyny'r goeden i weld beth oedd
wedi dal eu sylw.

9

'O! Trysorau!' meddai Mari.

'Mae pob math o bethau i'w canfod mewn nyth aderyn,'
meddai Taid. 'Ond tydw i ddim yn credu ein bod am ddod
o hyd i'r Sgwarnog Aur yn fa'ma.'

Dywedodd wrth Mari am gau ei llygaid a gwrando er mwyn ceisio clywed cân y Sgwarnog Aur.

'Dwi'n clywed dim byd heblaw cannoedd o adar yn canu,' meddai Mari.

'O, ond mae'r canu yna'n hardd hefyd,' meddai Taid. 'Fel cân bwerus y dryw bach. Dwi'n amau ein bod ni'n dod yn nes erbyn hyn ...'

'Gall y Sgwarnog Aur guddio yn agos iawn atoch chi
heb i chi ei gweld,' darllenodd Mari.

'Oeddet ti'n gwybod bod
llwynogod a moch daear yn dda
iawn am guddio?' meddai Taid.
'Maen nhw'n swatio yn nyfnder y
ddaear. Ac mae hyd yn oed y pâl a
glas y dorlan yn hoffi cuddio
yn y ddaear hefyd.'

'Pam ei bod hi mor anodd gweld y Sgwarnog Aur?' gofynnodd Mari.

'Wel, nid sgwarnog gyffredin ydi hi. Mae'n gallu newid ei siâp o un peth i'r llall, fel penbwl yn newid i fod yn llyffant ...'

13

'... neu lindys yn newid i fod yn bilipala.
Gall y Sgwarnog Aur symud fel hedyn
yn y gwynt, yn chwilio am le i'w alw'n
gartref,' meddai Taid. 'Mae hi wedi gweld
sawl hedyn bach yn tyfu'n gawr anferth
yn ystod ei bywyd.'

'Faint ydy oed y Sgwarnog Aur 'te?' gofynnodd Mari.

'Hen, andros o hen.
Er, mae slefrod môr sydd
hyd yn oed yn hŷn,' meddai
Taid. 'Maen nhw wedi bodoli ers
blynyddoedd ar flynyddoedd.
Dywedodd fy nhaid wrtha i fod rhai
slefrod môr yn byw am byth!'

'Sut allai unrhyw un wybod hynny?'
gofynnodd Mari.

16

'Roedd fy nhaid wedi darllen pob llyfr natur dan yr haul ac wedi chwilio dan bob carreg. Taid wnaeth fy nysgu i am y pilipala arbennig sy'n hedfan ledled y byd ar ei adenydd aur,' meddai Taid.

'Sut all un pilipala bach wneud hynny?' gofynnodd Mari.

'Nid *un* pilipala, Mari, ond *teulu* o bilipalod, flwyddyn ar ôl blwyddyn! Mae'r hen hen hen nain yn cychwyn y daith, ac mae'r orwyres yn gorffen y siwrne.'

'Mae arwyddion o hud a lledrith y Sgwarnog Aur ym mhob man. Edrych ar y dant y llew yma,' meddai Taid.

'Chwyn ydi hwnna, Taid,' meddai Mari.

'Ia, ond mae'n fwyd arbennig i wenyn, a gall dant y llew wireddu dymuniadau os wyt ti'n chwythu'r hadau bach.

'Mae rhai yn dweud fod y petalau melyn yn cynrychioli'r haul. A'r belen wen yw'r lleuad. A'r hadau bach sy'n hedfan yn yr awyr yw'r ...

'... sêr yn y nen.'

Wrth iddyn nhw orffwys y noson honno, gofynnodd Taid
i Mari beth oedd ei dymuniad hi.

'Fy nymuniad i oedd dod o hyd i'r Sgwarnog Aur, ond
dydw i ddim yn meddwl y gwnawn ni,' ochneidiodd Mari.

Fore trannoeth, wrth i'r ddau droi am adref, meddyliodd Mari am bopeth roedd hi wedi ei weld.

Nythod yn llawn trysorau, a thonnau yn llawn slefrod môr.

Cartrefi yn y ddaear, a'r rheiny'n llawn cariad.

Coedwigoedd yn llawn caneuon, a hadau bach yn llawn bywyd.

'Efallai na ddaethon ni o hyd i'r Sgwarnog,
ond mae gen i rywbeth i ti,' meddai Taid.

Rhoddodd lyfr nodiadau newydd sbon danlli i Mari,
gan ddweud, 'Cei lenwi'r llyfr yma gyda phopeth rwyt
ti wedi ei weld.'

'Diolch, Taid!' meddai Mari.

Ac yna edrychodd Mari ar glawr y llyfr
nodiadau, a gweld bod ...

... Sgwarnog Aur arno, yn arbennig iddi hi.

Yn union fel ei thaid a'i hen hen daid, syrthiodd Mari mewn cariad â natur. Aeth ati i lenwi'r llyfr gyda lluniau a nodiadau.

Gludodd hadau bach, dail a blodau yn y llyfr nes bod pob modfedd ohono'n llawn.

Ac wedi iddi orffen un llyfr, byddai Taid yn rhoi un newydd iddi eto.

Ac eto.

A byddai wastad yn dweud ...

'Does dim digon o dudalennau
yn y byd i ddal holl drysorau'r Ddaear.'

Straeon eraill am y Sgwarnog

Un o Ballycastle, tref ar arfordir gogledd Iwerddon, yw Paddy Donnelly, awdur *The Golden Hare*. Ar yr arfordir hwn mae Ynys Rathlin, cartref sawl creadur gwyllt, yn cynnwys y sgwarnog. Fel arfer, brown yw lliw blew y sgwarnog, ond oherwydd newid genetig mae ambell sgwarnog ar yr ynys yn cael ei geni gyda blew euraidd a llygaid glas. Dyma wnaeth ysbrydoli'r stori hon.

Does gennym ni ddim Sgwarnog Aur yma yng Nghymru, ond mae gennym sawl chwedl sy'n cynnwys yr anifal. Y stori enwocaf yw hanes Santes Melangell. Tywysoges o Iwerddon oedd hi, ac roedd ei thad wedi trefnu iddi briodi un o uchelwyr yr ardal. Ond doedd Melangell ddim am briodi, ac felly fe ffodd o Iwerddon i ganolbarth Cymru – i Gwm Pennant ym Mhowys. Yma bu'n cuddio, heb weld yr un dyn am bymtheg mlynedd. Ond un diwrnod, tra oedd hi'n gweddïo, cafodd ei dychryn gan sgwarnog yn neidio i'w chôl er mwyn cuddio rhag cŵn hela Brochfael, tywysog Powys. Er i'w ddynion orchymyn y cŵn i ddal y sgwarnog, nid aeth y cŵn yn agos ati tra oedd hi'n cuddio ym mreichiau Melangell. Synodd Brochfael o weld y ferch hardd yn gwarchod y creadur, ac fe wnaeth gryn argraff arno. Rhoddodd ddarn o dir iddi yn y cwm, ac yno fe godwyd ei heglwys. Adnabyddir y lle fel Pennant Melangell erbyn hyn, man sanctaidd a diogel, a byth ers hynny cyfeiriwn at sgwarnogod fel ŵyn bach Melangell.

YNYS
RATHLIN

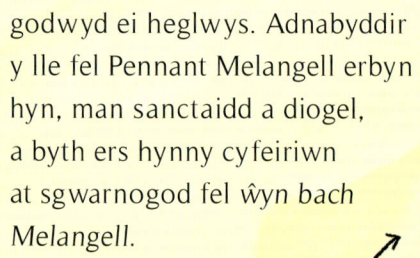

Sgwarnog Aur, Ynys Rathlin.

Llun: Tom McDonnell

PENNANT
MELANGELL

PERERINDOD
MELANGELL

Llun: Gwasg Carreg Gwalch

Llun: Gwasg Carreg Gwalch

GOLEUDY GLLEWINOL A ANOLFAN AR Y MÔR

YNYS RATHLIN

HARBWR

GOLEUDY DWYREINIOL

GOLEUDY 'RUE POINT'

Paddy Donnelly yn edrych tua Ynys Rathlin.

Mwy na chwningen …

Er eu bod yn ddigon tebyg i gwningod, mae sgwarnogod yn llawer cyflymach. Gall sgwarnog redeg ar gyflymder o 50 milltir yr awr. Nid mewn twll mae'r sgwarnog yn byw, ond yn hytrach mewn nyth gwastad o'r enw 'gwâl'. Yr enw ar sgwarnog ifanc yw 'llefren'.

Y pilipala sy'n teithio …

Mae'r pilipalod arbennig yma'n mynd ar siwrne anhygoel wrth ymfudo. Maen nhw'n cychwyn eu bywydau yn lindys bach yn Affrica, ac yna dros genedlaethau maen nhw'n teithio heibio Iwerddon a Chymru ac ymlaen i'r Cylch Arctig – ac yn ôl!

Yr afanc talentog …

Oeddech chi'n gwybod bod yr afanc – fel Cara, anifail anwes Taid yn y stori – yn gallu jyglo â cherrig? Nid yw gwyddonwyr yn hollol siŵr pam eu bod nhw'n gwneud hyn – am hwyl, efallai!

Dant y llew …

Dywed sawl un mai chwyn yw'r planhigyn bach yma, ond mae'n un o'r planhigion mwyaf llwyddiannus a defnyddiol ar y blaned. Mae'n llawn fitaminau ac wedi cael ei ddefnyddio mewn bwydydd a meddyginiaethau ers miloedd o flynyddoedd. Dyma un o'r bwydydd pwysicaf i wenyn a phryfed eraill.

Y slefren fôr glyfar …

Turritopsis dohrnii yw'r enw Lladin ar y slefren fôr arbennig yma. Mae ganddi'r gallu i fyw am byth! Os yw'n cael ei hanafu neu os yw'n brin o fwyd, gall y slefren ddychwelyd i'r cyflwr blaenorol yr oedd ynddo yn ei chylch bywyd – y polyp. O'r ffurf yma, gall ailddechrau ei chylch bywyd unwaith eto. Anhygoel!

Welsoch chi hi?

Ssh, peidiwch â dweud wrth neb, ond mae'r Sgwarnog Aur yn cuddio yn rhywle ar bob tudalen yn y llyfr. Gallwch weld ei siâp yn y gofod rhwng y coed, neu yn nyfnderoedd y dŵr, neu yn y cysgodion. Ewch yn ôl drwy'r llyfr i weld a allwch chi ddod o hyd i bob un!

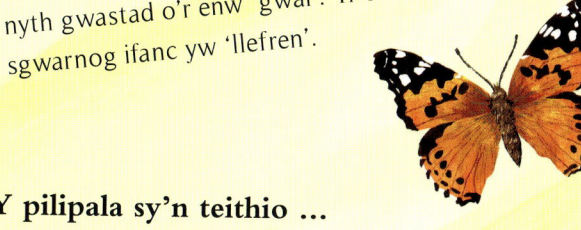

Awdur a darlunydd o Iwerddon yw Paddy Donnelly, sydd bellach wedi ymgartrefu yng Ngwlad Belg. Mae wedi darlunio llu o lyfrau i blant, gan gynnwys *Dodos Are Not Extinct*, *Here Be Dragons*, *MÍp*, *The Last Seaweed Pie*, *Hom* a *Wolves in Helicopters*. Mae canmoliaeth ryngwladol i'w waith ac fe gyrhaeddodd restr fer y World Illustration Awards a'r KPMG Children's Books Ireland Awards. Stori hyfryd am ferch ifanc, ei thaid a llyn dirgel oedd ei gyfrol gyntaf, *The Vanishing Lake*, llyfr arobryn a gyhoeddwyd gan The O'Brien Press. Magwyd Paddy ar arfordir gogleddol Iwerddon, yng nghanol straeon gwerin am gewri, creaduriaid hudolus ac anifeiliaid trawsnewidiol. Sbardunodd hyn oll ei gariad at natur, anifeiliaid, y môr a'r grefft o adrodd stori.

I Fionn.
Cawn ddarganfod hud a lledrith y Sgwarnog,
a llawer mwy gyda'n gilydd. – P. D.

Cyhoeddwyd yn gyntaf yn 2024, *The Golden Hare*, gan The O'Brien Press Ltd,
© The O'Brien Press Cyf
Hawlfraint y stori a'r darluniau © Paddy Donnelly
Dyluniad y tudalennau mewnol: Emma Byrne / Eleri Owen
Dyluniad y clawr: Paddy Donnelly / Eleri Owen

(h) cyhoeddiad Cymraeg: Gwasg Carreg Gwalch 2025

ISBN clawr meddal: 978-1-84527-933-2
ISBN elyfr: 978-1-84524-631-0

Lluniau: Y Sgwarnog Aur, Ynys Rathlin. Llun gan Tom McDonnell;
Paddy Donnelly yn edrych tua Ynys Rathlin. Llun gan Ross O'Callaghan.
Pennant Melangell. Lluniau gan Gwasg Carreg Gwalch.

CYNGOR LLYFRAU CYMRU

Cyhoeddwyd gyda chymorth Cyngor Llyfrau Cymru
Cyhoeddwyd gan Wasg Carreg Gwalch,
12 Iard yr Orsaf, Llanrwst, Dyffryn Conwy, Cymru LL26 0EH.
lle ar y we: www.carreg-gwalch.cymru

Argraffwyd a chyhoeddwyd yng Nghymru